Cynnwys

Lle mae Mam?	2
Bwyta ac yfed	4
Cadw'n iach	6
Tyfu'n fawr	8
Tyfu'n hŷn	10
Cadw'n lân	12
Beth sydd o'i le ar Scott?	14
Bwyta beth?	16
Gofalu am anifeiliaid	18
Bwyta planhigion	20
Planhigion?	22
Mynegai	24

Lle mae Mam?

Pa wyau ac anifeiliaid ifanc sy'n perthyn i ba rieni?

▲ Mae fy Mam i yn goch gyda smotiau duon!

3

Pa rai o'r rhain rydych chi'n hoffi eu bwyta a'u hyfed?

Bwyta ac yfed

4

Pa rai o'r rhain sy'n bethau iach i'w bwyta a'u hyfed?

5

Cadw'n iach

6

Pa rai o'r pethau hyn sy'n dda i chi?

Tyfu'n fawr

Rhaid edrych ar ôl babanod yn ofalus iawn. Pa bethau y mae'n rhaid i mam a dad eu gwneud?

Beth allwch chi ei wneud drosoch eich hun nawr?

Sut mae eich Mam neu Dad yn eich helpu chi nawr?

Tyfu'n hŷn

Faint yw eich oed chi?

Sut gallwch chi ddweud faint yw oed pawb yn y lluniau hyn?

Pwy yw'r hynaf, tybed?
Pwy yw'r ieuengaf?

11

Cadw'n lân

Sut rydych chi'n glanhau eich…?

gwallt

trwyn

clustiau

dannedd

A oes angen i chi lanhau eich llygaid?

ewinedd

croen

Beth sydd o'i le ar Scott?

Fel arfer roedd Scott yn effro am 6.30 yn y bore yn gwylio'r teledu. Un diwrnod, deffrodd Mam am 7.30 ac roedd pobman yn dawel.

Aeth i'r llofft a dyna lle roedd Scott yn rhwbio ei fol.

Beth sy'n bod?

Rwy'n teimlo'n sâl. Dydw i ddim eisiau codi.

Mae'n gwrthod bwyta ei frecwast – mae rhywbeth mawr o'i le! Gwell i ni fynd i weld y meddyg.

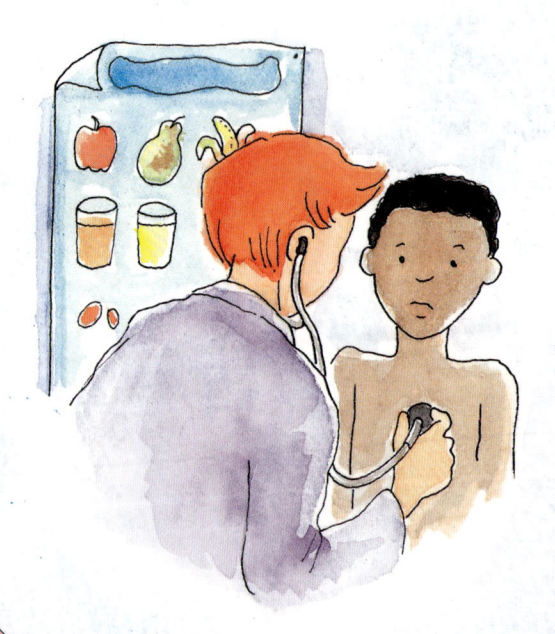

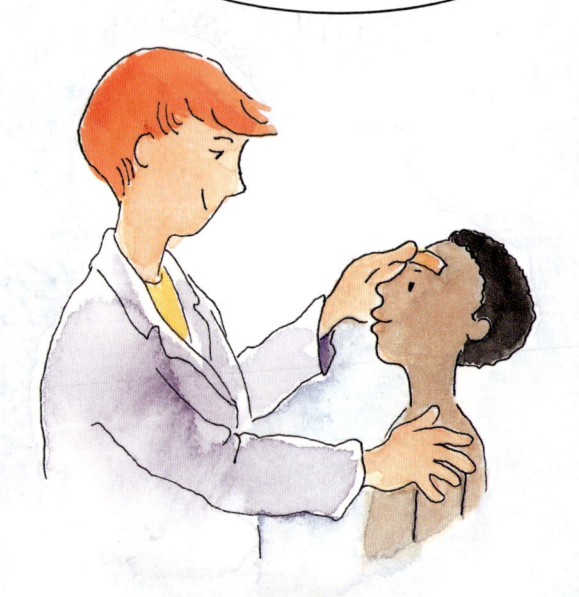

"Oes angen llun pelydr X?"

"Na."

"Ydi dy ffrindiau di'n sâl hefyd?"

"Mae brech yr ieir ar Daniel."

"Adref â chi, rhowch Scott yn ei wely a chadw llygad arno."

15

Bwyta beth?

HEDDIW FE FWYTAIS

Heddiw fe fwytais

2 frechdan ham

4 teisen efo hufen mefus

pepsi

2 gwm cnoi

cornetto

3 Yorkie

2 fisged siocled

3 bisged blaen

diod oren

llond plât o jips

byrger

a pepsi.

Am bedwar o'r gloch fe es i'r gwely.

Am hanner awr wedi pedwar roeddwn i'n sâl.

Fe chwydais i

bepsi

byrger

llond plât o jips

diod oren

3 bisged blaen

2 fisged siocled

3 Yorkie

cornetto

2 gwm cnoi

pepsi

4 teisen efo hufen mefus

a 2 frechdan ham.

Fory, wna'i ddim bwyta

2 frechdan ham

4 teisen efo hufen mefus

pepsi

2 gwm cnoi

cornetto

3 Yorkie

2 fisged siocled

3 bisged blaen

diod oren

llond plât o jips

byrger

a pepsi

Y diwrnod ar ôl fory

efallai y caf fi

bepsi

mae'n bosib y caf fi

frechdan ham

a hyd yn oed gornetto

ond ddim ar hyn o bryd

diolch yn fawr…

Gwnewch lun o bopeth a fwytewch mewn diwrnod.

17

Gofalu am anifeiliaid

Os oes gennych chi anifail anwes, mae'n bwysig eich bod yn gofalu amdano.

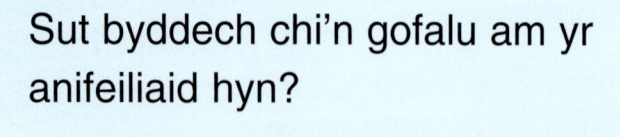

Sut byddech chi'n gofalu am yr anifeiliaid hyn?

Beth maen nhw i gyd ei angen?

19

Bwyta planhigion

O blanhigion y daw pob un o'r pethau hyn.
Ydych chi'n gwybod lle mae pob un yn tyfu?

21

Planhigion?

Pa rai o'r pethau hyn sy'n blanhigion?

Beth mae'n rhaid i bob un ei gael i gadw'n fyw a thyfu?

(Mae'r planhigion o wahanol faint mewn gwirionedd.)

23

Mynegai

A
anifail 18

anifail anwes 18

B
baban 8

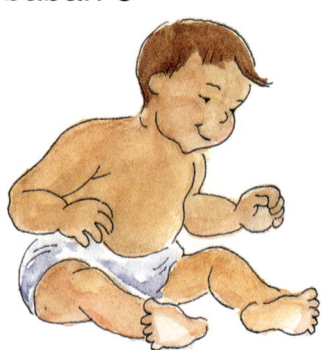

bol 14

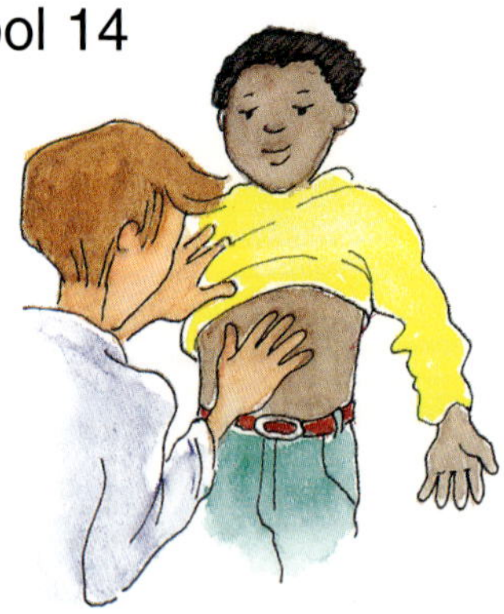

bwyta 4, 16-17
byw 22

G
glanhau 12-13

H
hynaf 10

I
ieuengaf 10

M
mam 2

meddyg 14-15

P
planhigyn 20, 22

RH
rhiant 2, 8-9

T
tyfu 22

W
wy 2

Y
yfed 4

24